Impressum
Verlag: BABADADA GmbH, Nedderfeld 112 , 22529 Hamburg
Geschäftsführer / Verlagsleitung: Harald Hof
Druck: Books on Demand GmbH, In de Tarpen 42, 22848 Norderstedt

Imprint
Publisher: BABADADA GmbH, Nedderfeld 112 , 22529 Hamburg, Germany
Managing Director / Publishing direction: Harald Hof
Print: Books on Demand GmbH, In de Tarpen 42, 22848 Norderstedt, Germany

Salle de classe
ystafell ddosbarth

Diviser
rhannu

186/2

Tableau noir
bwrdd

Professeur
athro

Cour
iard ysgol

Papier
papur

Écrire
ysgrifennu

Stylo
pen

Bureau
desg

Règle
pren mesur

Livre
llyfr

Élève
disgybl

Cartable

bag ysgol

Trousse

blwch penseli

Crayon

pensil

Taille-crayon

peth rhoi min ar bensil

Gomme

rwber

Dictionnaire d'image

geiriadur lluniau

Carnet à dessin

pad arlunio

Dessin

llun

Pinceau

brws paent

Boîte de peinture

blwch paent

Ciseaux

siswrn

Colle

glud

Cahier d'exercices

llyfr ysgrifennu

Devoirs

gwaith cartref

**12**

Chiffre

rhif

**2+2**

Additionner

ychwanegu

**5-2**

Soustraire

tynnu

**2×2**

Multiplier

lluosi

Calculer

cyfrifo

**A**

Caractère

llythyren

**ABCDEFG HIJKLMN OPQRSTU VWXYZ**

Alphabet

gwyddor

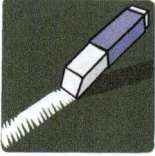

Mot

gair

Texte

testun

Lire

darllen

Craie

sialc

Leçon

gwers

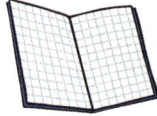

Livre de classe

cofrestr

Examen

arholiad

Certificat

tystysgrif

Uniforme scolaire

gwisg ysgol

Formation

addysg

Lexique

gwyddoniadur

Université

prifysgol

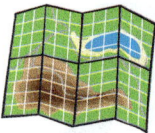

Microscope

microsgop

Carte

map

Corbeille à papier

basged papur gwastraff

Hôtel
gwesty

Auberge
hostel

Bureau de change
swyddfa gyfnewid

Valise
cês dillad

Voiture
car

Langue

iaith

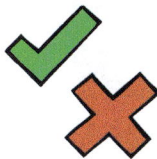

Oui / non

ie / na

D'accord

iawn

Salut

helo

Interprète

cyfieithydd

Merci

Diolch yn fawr

Combien coûte...?

faint yw ...?

Je ne comprends pas

Dw i ddim yn deall

Problème

problem

Bonsoir !

Noswaith dda!

Bonjour !

Bore da!

Bonne nuit !

Nos da!

Au revoir

hwyl

Direction

cyfarwyddyd

Bagages

bagiau

Sac

bag

Sac-à-dos

gwarbac

Hôte

gwestai

Pièce

ystafell

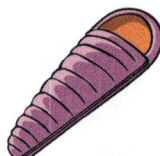

Sac de couchage

sach gysgu

Tente

pabell

Office de tourisme

gwybodaeth i ymwelwyr

Plage

traeth

Carte de crédit

cerdyn credyd

Petit-déjeuner

brecwast

Déjeuner

cinio

Diner

swper

Billet

tocyn

Ascenseur

lifft

Timbre

stamp

Limite

ffin

Autorités de douane

tollau

Ambassade

llysgenhadaeth

Visa

fisa

Passeport

pasbort

Voyage - teithio

Avion
awyren

Navire
llong

Véhicule des pompiers
injan dân

Bus
bws

Camion
lori

Bateau à moteur
cwch modur

Bicyclette
beic

Voiture
car

Ferry

fferi

Barque

cwch

Moto

beic modur

Voiture de police

car yr heddlu

Voiture de course

car rasio

Voiture de location

car wedi'i rentu

**Car sharing**

rhannu car

**Voiture de remorquage**

lori tynnu

**Benne à ordures**

lori ysbwriel

**Moteur**

modur

**Essence**

tanwydd

**Station d'essence**

gorsaf betrol

**Panneau indicateur**

arwydd traffig

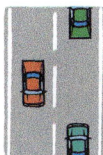

**Trafic**

traffig

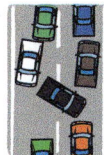

**Embouteillage**

tagfa draffig

**Parking**

maes parcio

**Gare**

gorsaf drennau

**Rails**

traciau

**Train**

trên

**Tramway**

tram

**Wagon**

wagen

**Hélicoptère**

hofrennydd

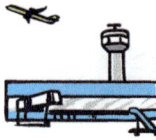

**Aéroport**

maes awyr

**Tour**

twˆr

**Passager**

teithiwr

**Conteneur**

cynhwysydd

**Carton**

paced

**Chariot**

cert

**Corbeille**

basged

**Décoller/atterrir**

esgyn / glanio

# Ville

## dinas

**Village**

pentref

**Centre-ville**

canol y ddinas

**Maison**

tŷ

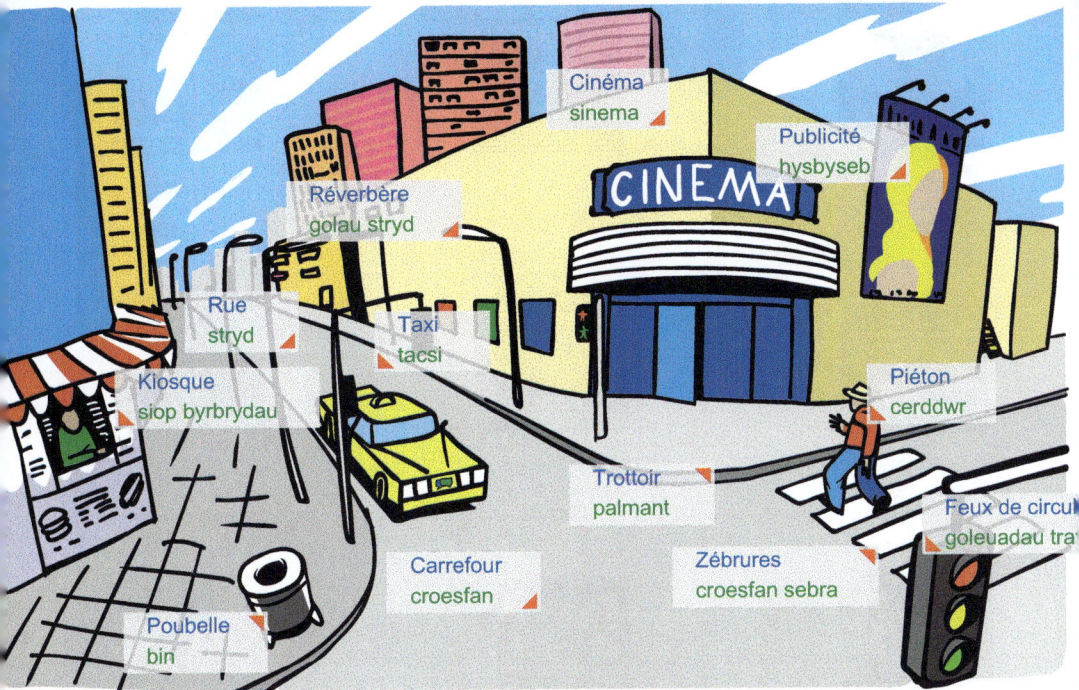

Cinéma
sinema

Publicité
hysbyseb

Réverbère
golau stryd

Rue
stryd

Taxi
tacsi

Kiosque
siop byrbrydau

Piéton
cerddwr

Trottoir
palmant

Feux de circu
goleuadau tra

Carrefour
croesfan

Zébrures
croesfan sebra

Poubelle
bin

Cabane

cwt

Appartement

fflat

Gare

gorsaf drennau

Mairie

neuadd y dref

Musée

amgueddfa

École

ysgol

| | | |
|---|---|---|
| Université<br>prifysgol | Banque<br>banc | Hôpital<br>ysbyty |
| Hôtel<br>gwesty | Pharmacie<br>fferyllfa | Bureau<br>swyddfa |
| Librairie<br>siop lyfrau | Magasin<br>siop | Fleuriste<br>siop flodau |
| Supermarché<br>archfarchnad | Marché<br>farchnad | Grand magasin<br>siop adrannol |
| Poissonnerie<br>siop bysgod | Centre commercial<br>canolfan siopa | Port<br>harbwr |

Parc

parc

Banque

banc

Pont

pont

Escaliers

grisiau

Métro

rheilffordd danddaearol

Tunnel

twnnel

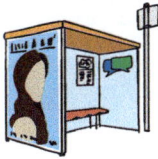

Arrêt de bus

safle bws

Bar

bar

Restaurant

bwyty

Boîte à lettres

blwch post

Panneau indicateur

arwydd stryd

Parcmètre

mesurydd parcio

Zoo

sŵ

Piscine

pwll nofio

Mosquée

mosg

Ferme
fferm

Pollution
llygredd

Cimetière
mynwent

Église
eglwys

Aire de jeux
maes chwarae

Temple
teml

# Paysage
## tirwedd

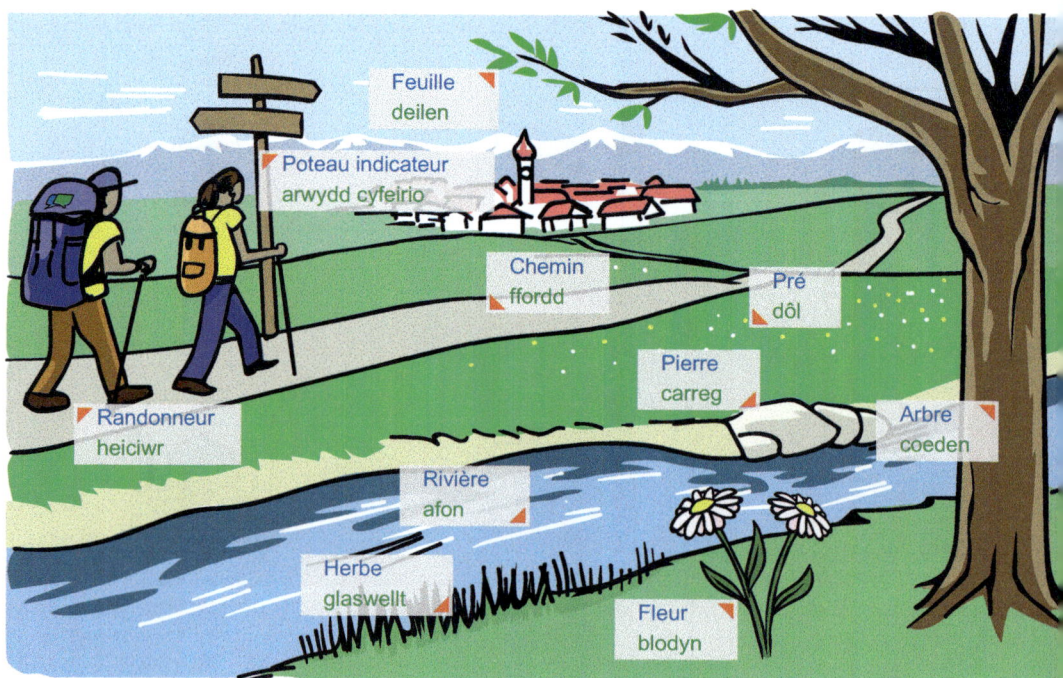

Feuille
deilen

Poteau indicateur
arwydd cyfeirio

Chemin
ffordd

Pré
dôl

Pierre
carreg

Arbre
coeden

Randonneur
heiciwr

Rivière
afon

Herbe
glaswellt

Fleur
blodyn

**Vallée**

cwm

**Montagne**

bryn

**Lac**

llyn

**Forêt**

coedwig

**Désert**

anialwch

**Volcan**

llosgfynydd

**Château**

castell

**Arc-en-ciel**

enfys

**Champignon**

madarchen

**Palmier**

palmwydden

**Moustique**

mosgito

**Mouche**

pryf

**Fourmis**

morgrugyn

**Abeille**

gwenyn

**Araignée**

pryf copyn

Coléoptère

chwilen

Grenouille

llyffant

Écureuil

gwiwer

Hérisson

draenog

Lapin

ysgyfarnog

Chouette

tylluan

L'oiseau

aderyn

Cygne

alarch

Sanglier

baedd

Cerf

carw

Élan

elc

Digue

argae

Éolienne

tyrbin gwynt

Module solaire

panel haul

Climat

hinsawdd

Serveur
gweinydd

Menu
bwydlen

Chaise
cadair

Soupe
cawl

Pizza
pitsa

Couverts
cyllyll a ffyrc

Nappe
lliain bwrdd

Hors d'œuvre

cwrs cyntaf

Plat principal

prif gwrs

Dessert

pwdin

Boissons

diodydd

Alimentation

bwyd

Bouteille

potel

**Fast-food**

bwyd cyflym

**Plats à emporter**

bwyd y stryd

**Théière**

tebot

**Sucrier**

powlen siwgr

**Portion**

dogn

**Machine à expresso**

peiriant espresso

**Chaise haute**

cadair plentyn

**Facture**

bil

**Plateau**

hambwrdd

**Couteau**

cyllell

**Fourchette**

fforc

**Cuillère**

llwy

**Cuillère à thé**

llwy de

**Serviette**

napcyn

**Verre**

gwydr

**Assiette**

plât

**Assiette de soupe**

plât cawl

**Soucoupe**

soser

**Sauce**

saws

**Salière**

pot halen

**Moulin à poivre**

melin bupur

**Vinaigre**

finegr

**Huile**

olew

**Épices**

sbeisys

**Ketchup**

saws coch

**Moutarde**

mwstard

**Mayonnaise**

mayonnaise

Offre promotionnelle
cynnig arbennig

Client
cwsmer

FOR

Produits laitiers
cynnyrch llaeth

Fruits
ffrwythau

Chariot
troli

Boucherie

siop gig

Boulangerie

siop fara

Peser

pwyso

Légumes

llysiau

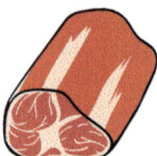

Viande

cig

Aliments surgelés

Bwyd wedi'i rewi

**Charcuterie**

cig oer

**Conserves**

bwyd tun

**Poudre à lessive**

powdr golchi

**Sucreries**

da-da

**Articles ménagers**

cynnyrch cartref

**Détergents**

cynhyrchion glanhau

**Vendeuse**

gwerthwraig

**Caisse**

til

**Caissier**

ariannwr

**Liste d'achats**

rhestr siopa

**Heures d'ouverture :**

oriau agor

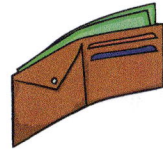

**Portefeuille**

waled

**Carte de crédit**

cerdyn credyd

**Sac**

bag

**Sac en plastique**

bag plastig

Eau

dŵr

Jus

sudd

Lait

llefrith

Coca

côc

Vin

gwin

Bière

cwrw

Alcool

alcohol

Cacao

coco

Thé

te

Café

coffi

Expresso

espresso

Cappuccino

cappuccino

Banane

ffrwchledd

Pomme

afal

Orange

oren

Melon

melon

Citron

lemwn

Carotte

moronen

Ail

garlleg

Bambou

bambŵ

Ognon

nionyn

Champignon

madarchen

Noisettes

cnau

Pâtes

nwdls

**Spaghetti**

sbageti

**Riz**

reis

**Salade**

salad

**Pommes frites**

sglodion

**Pommes de terre rôties**

tatws wedi'u ffrïo

**Pizza**

pitsa

**Hamburger**

hambyrger

**Sandwich**

brechdan

**Escalope**

cytled

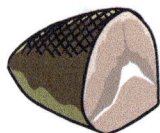

**Jambon**

ham

**Salami**

salami

**Saucisse**

selsig

**Poulet**

cyw iâr

**Rôti**

rhost

**Poisson**

pysgodyn

Flocons d'avoine

ceirch uwd

Muesli

miwsli

Cornflakes

creision ŷd

Farine

blawd

Croissant

croissant

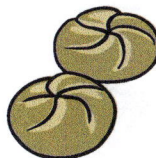

Petits-pains

bynsen

Pain

bara

Pain grillé

tost

Biscuits

bisgedi

Beurre

menyn

Séré

ceuled

Gâteau

teisen

Œuf

wy

Œuf au plat

wy wedi'i ffrïo

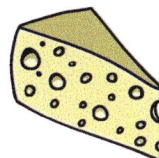

Fromage

caws

Crème glacée

hufen iâ

Sucre

siwgr

Miel

mêl

Confiture

jam

Crème nougat

siocled taenu

Curry

cyri

Ferme
ffermdy

Grange
ysgubor

Balles de paille
bwrn gwellt

Champ
maes

Cheval
ceffyl

Remorque
ôl-gerbyd

Poulain
ebol

Tracteur
tractor

Âne
asyn

Mouton
dafad

Agneau
oen

Chèvre

gafr

Vache

buwch

Veau

llo

Porc

mochyn

Porcin

porchell

Taureau

tarw

Oie

gwydd

Canard

hwyaden

Poussin

cyw

Poule

iâr

Coque

ceiliog

Rat

llygoden fawr

Chat

cath

Souris

llygoden

Bœuf

ych

Chien

ci

Chenil

cwt ci

Tuyau de jardin

pibell ddŵr

Arrosoir

can dŵr

Faucheuse

pladur

Charrue

aradr

**Faucille**

cryman

**Pioche**

fforch chwynu

**Fourche**

picwarch

**Hache**

bwyell

**Brouette**

berfa

**Cuve**

cafn

**Pot à lait**

tun llefrith

**Sac**

sach

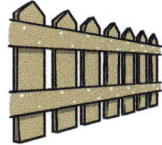

**Clôture**

ffens

**Étable**

stabl

**Serre**

tŷ gwydr

**Sol**

pridd

**Semences**

hedyn

**Engrais**

gwrtaith

**Moissonneuse-batteuse**

dyrnwr medi

Récolter

cynaeafu

Récolte

cynhaeaf

Igname

iamau

Blé

gwenith

Soja

soi

Pomme de terre

tysen

Maïs

grawn

Colza

had rêp

Arbre fruitier

coeden ffrwythau

Manioc

manioc

Céréales

grawnfwydydd

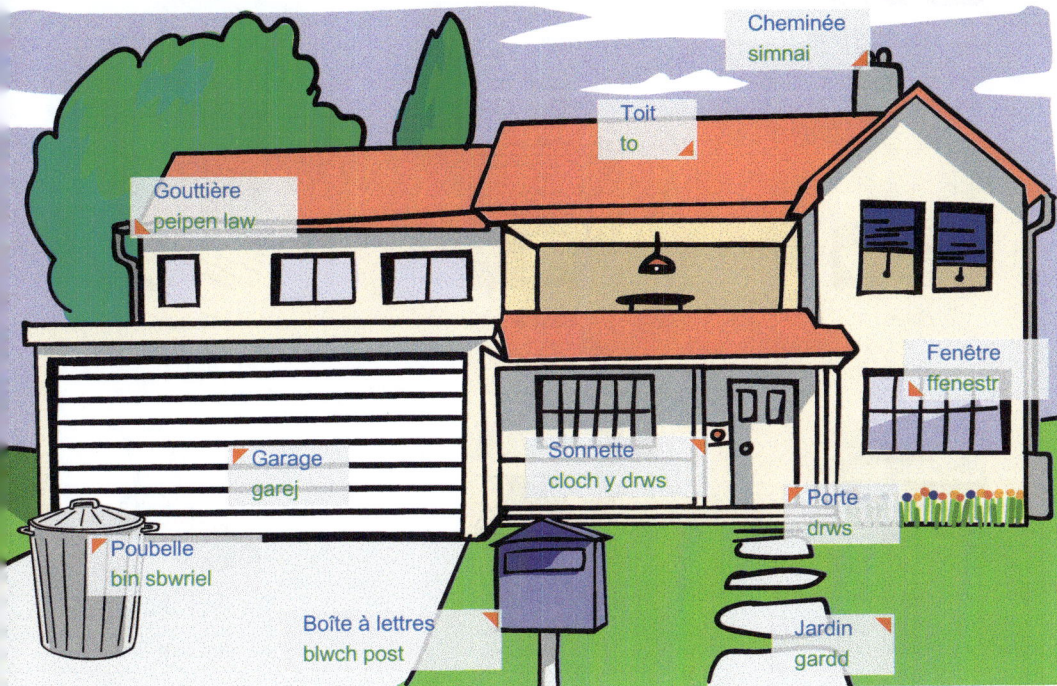

Cheminée
simnai

Toit
to

Gouttière
peipen law

Fenêtre
ffenestr

Garage
garej

Sonnette
cloch y drws

Porte
drws

Poubelle
bin sbwriel

Boîte à lettres
blwch post

Jardin
gardd

Salon

lolfa

Salle de bain

ystafell ymolchi

Cuisine

cegin

Chambre à coucher

ystafell wely

Chambre d'enfants

ystafell plentyn

Salle à manger

ystafell fwyta

Sol

llawr

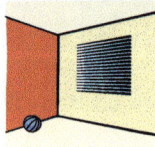

Mur

wal

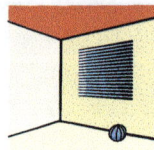

Plafond

nenfwd

Cave

seler

Sauna

sawna

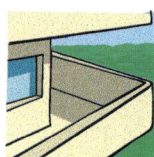

Balcon

balconi

Terrasse

teras

Piscine publique

pwll

Tondeuse à gazon

peiriant torri gwair

Housse

taflen

Couette

gorchudd gwely

Lit

gwely

Balai

ysgub

Sceau

bwced

Interrupteur

swits

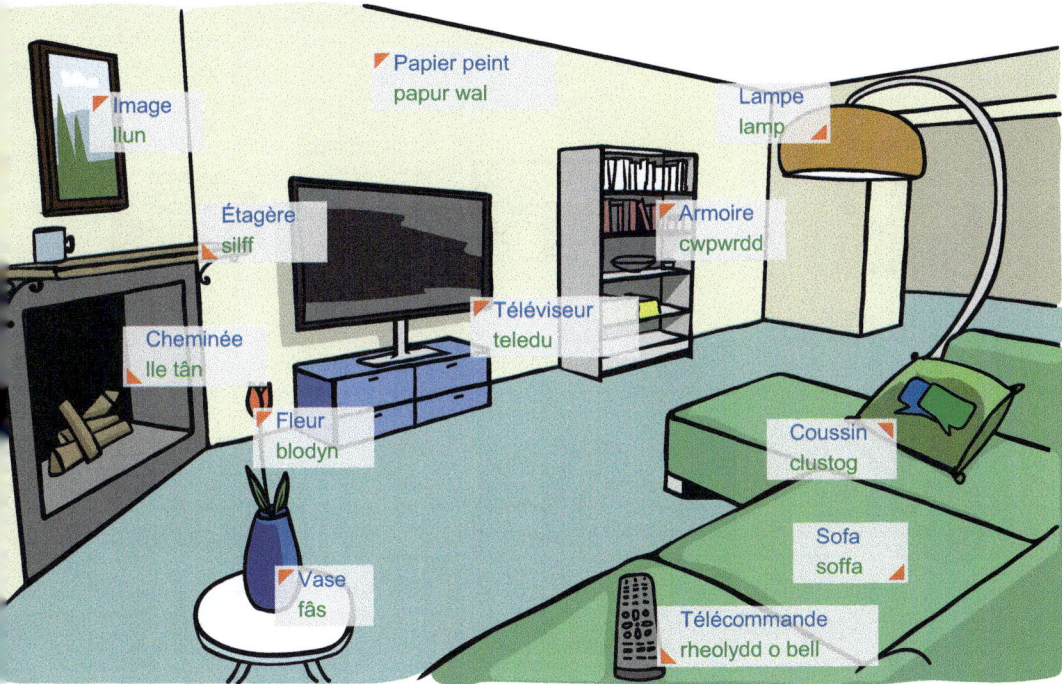

Papier peint
papur wal

Image
llun

Lampe
lamp

Étagère
silff

Armoire
cwpwrdd

Cheminée
lle tân

Téléviseur
teledu

Fleur
blodyn

Coussin
clustog

Sofa
soffa

Vase
fâs

Télécommande
rheolydd o bell

Tapis
carped

Rideau
llen

Table
bwrdd

Chaise
cadair

Chaise à bascule
cadair siglo

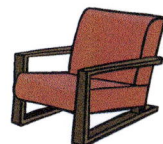

Fauteuil
cadair freichiau

**Livre**

llyfr

**Couverture**

blanced

**Décoration**

addurn

**Bois de chauffage**

coed tân

**Film**

ffilm

**Chaîne hi-fi**

hi-fi

**Clé**

agoriad

**Journal**

papur newydd

**Peinture**

darlun

**Poster**

poster

**Radio**

radio

**Bloc-notes**

llyfr nodiadau

**Aspirateur**

hwfer

**Cactus**

cactws

**Bougie**

cannwyll

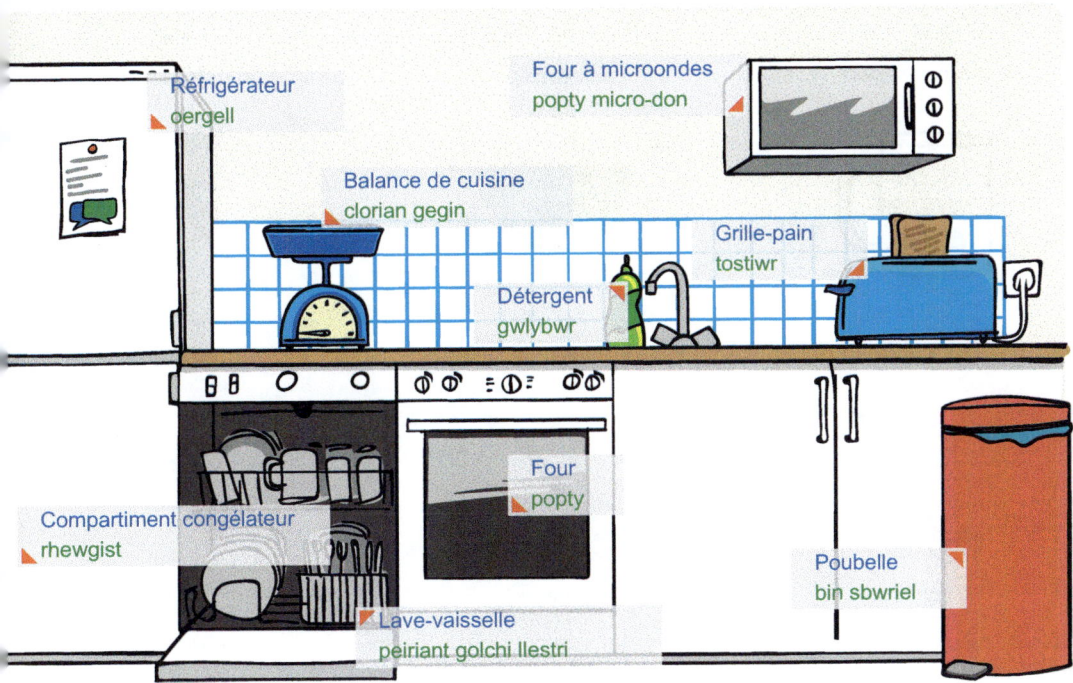

Réfrigérateur
oergell

Four à microondes
popty micro-don

Balance de cuisine
clorian gegin

Grille-pain
tostiwr

Détergent
gwlybwr

Four
popty

Compartiment congélateur
rhewgist

Poubelle
bin sbwriel

Lave-vaisselle
peiriant golchi llestri

Four

popty

Pot

pot

Marmite

pot haearn bwrw

Wok/kadai

wok / kadai

Casserole

padell

Bouilloire

tegell

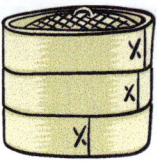

**Cuiseur vapeur**

sosban stemio

**Plaque de cuisson**

hambwrdd pobi

**Vaisselle**

llestri

**Gobelet**

mwg

**Coupe**

powlen

**Baguettes**

gweill bwyta

**Louche**

lletwad

**Spatule**

ysbodol

**Fouet**

chwisg

**Passoire**

hidlydd

**Tamis**

gogr

**Râpe**

gratiwr

**Meurtrier**

morter

**Barbecue**

barbeciw

**Âtre**

tân agored

Planche à découper

bwrdd torri cig

Rouleau à pâtisserie

rholbren

Tire-bouchons

tynnwr corcyn

Boîte

tun

Ouvre-boîte

peth agor tuniau

Maniques

clwt pot

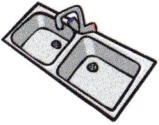

Lavabo

sinc

Brosse

brws

Éponge

sbwng

Mélangeur

peiriant cymysgu

Congélateur

rhewgell

Biberon

potel babi

Robinet

tap

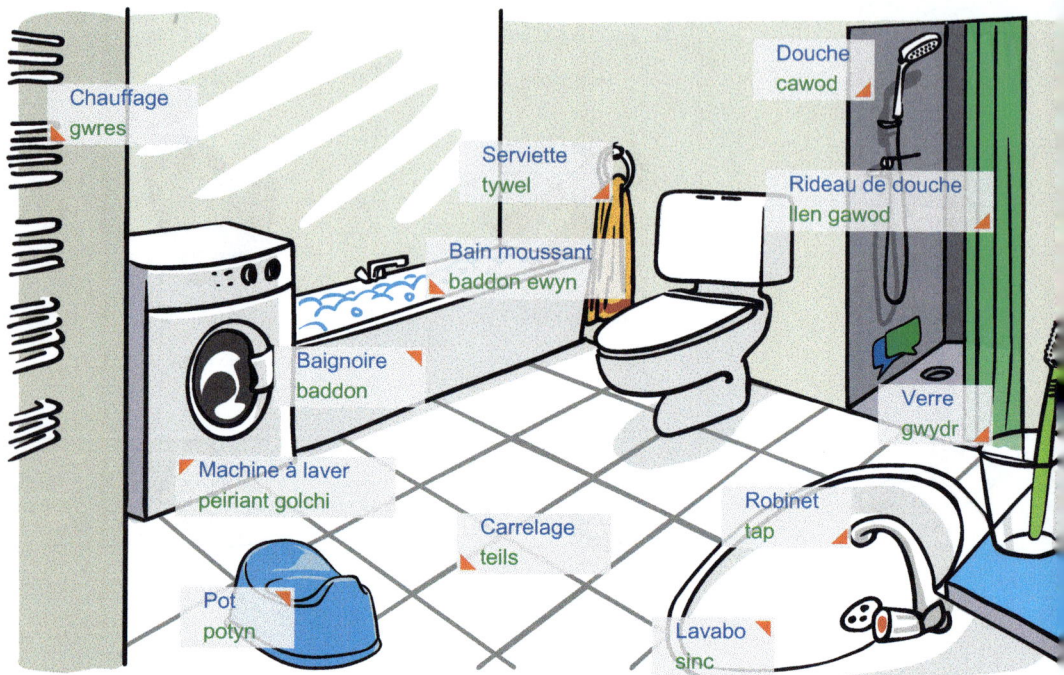

Chauffage
gwres

Douche
cawod

Serviette
tywel

Rideau de douche
llen gawod

Bain moussant
baddon ewyn

Baignoire
baddon

Verre
gwydr

Machine à laver
peiriant golchi

Robinet
tap

Carrelage
teils

Pot
potyn

Lavabo
sinc

Toilettes

tŷ bach

Toilette à la turque

toiled cyrcydu

Bidet

bidet

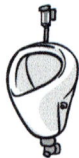

Pissoir

troethfa

Papier hygiénique

papur tŷ bach

Brosse pour WC

brws tŷ bach

**Brosse à dents**

brws dannedd

**Dentifrice**

past dannedd

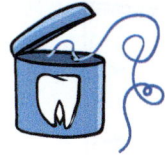

**Fil dentaire**

edau ddannedd

**Laver**

golchi

**Douche manuelle**

cawod llaw

**Douche intime**

golchfa

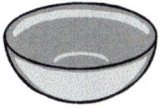

**Vasque**

basn

**Brosse dorsale**

brws-ôl

**Savon**

sebon

**Gel de douche**

gel cawod

**Shampoing**

siampŵ

**Gant de toilette**

gwlanen

**Écoulement**

ffos

**Crème**

hufen

**Déodorant**

diaroglydd

**Miroir**

drych

**Miroir cosmétique**

drych llaw

**Rasoir**

rasel

**Mousse à raser**

ewyn eillio

**Après-rasage**

sent eillio

**Peigne**

crib

**Brosse**

brws

**Sèche-cheveux**

sychwr gwallt

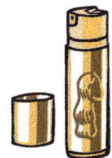

**Spray capillaire**

chwistrell gwallt

**Fond de teint**

colur

**Rouge à lèvres**

minlliw

**Vernis à ongles**

farnais ewinedd

**Ouate**

gwlân cotwm

**Coupe-ongles**

siswrn ewinedd

**Parfum**

persawr

**Trousse de toilette**

bag ymolchi

**Tabouret**

stôl

**Balance**

clorian

**Peignoir**

gŵn baddon

**Gants de nettoyage**

menig rwber

**Tampon**

tampon

**Serviettes hygiéniques**

tywel misglwyf

**Toilette chimique**

toiled cemegol

# Chambre d'enfants
## ystafell plentyn

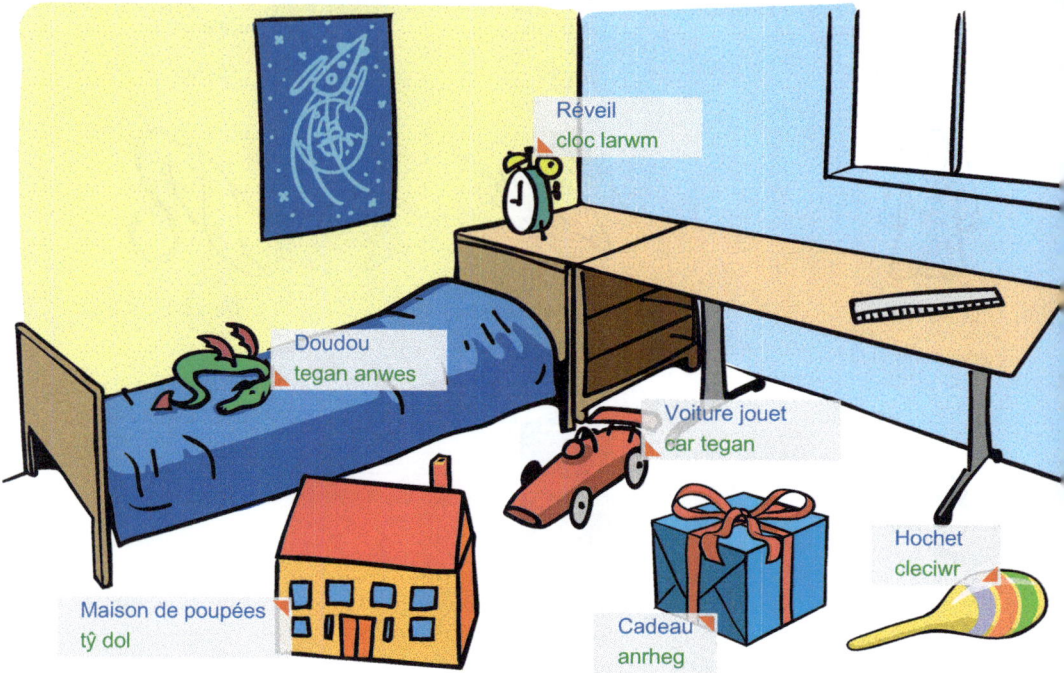

Réveil
cloc larwm

Doudou
tegan anwes

Voiture jouet
car tegan

Hochet
cleciwr

Maison de poupées
tŷ dol

Cadeau
anrheg

Ballon

balŵn

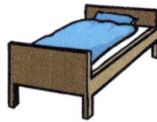

Lit

gwely

Poussette

pram

Jeu de cartes

pecyn o gardiau

Puzzle

jig-so

Bande dessinée

comic

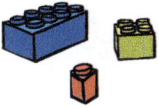

Pièces lego

brics Lego

Pierres de construction

blociau adeiladu

Figurine articulée

ffigur gweithredu

Grenouillère

babygro

Frisbee

ffrisbi

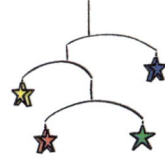

Mobile

ffôn symudol

Jeu de société

gêm fwrdd

Dé

deis

Train miniature

set model trên

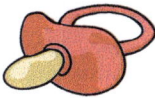

Sucette

teth lwgu

Fête

parti

Livre illustré

llyfr lluniau

Balle

pêl

Poupée

dol

Jouer

chwarae

Bac à sable

pwll tywod

Balançoire

swing

Jouets

teganau

Console de jeu

consol gemau fideo

Tricycle

beic tair olwyn

Ours en peluche

tedi

Armoire

cwpwrdd dillad

# Vêtements

## dillad

Chaussettes

hosanau

Bas

hosanau

Collant

teits

**Écharpe**
sgarff

**Ceinture**
gwregys

**Parapluie**
ymbarél

**T-shirt**
crys-t

**Bottes**
esgidiau

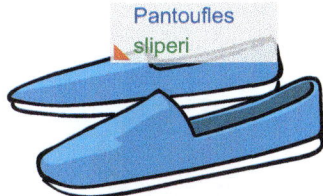

**Pantoufles**
sliperi

**Baskets**
esidiau ymarfer

**Sandales**
sandalau

**Chaussures**
esgidiau

**Bottes de caoutchouc**
esgidiau rwber

**Caleçon**
trôns

**Soutien-gorge**
bra

**Maillot de corps**
fest

**Léotard**

corff

**Pantalons**

trowsus

**Denim**

jîns

**Jupe**

sgert

**Blouse**

blows

**Chemise**

crys

**Pull**

pwlofer

**Sweat**

hwdi

**Blazer**

blaser

**Veste**

siaced

**Manteau**

côt

**Manteau de pluie**

côt law

**Costume**

gwisg

**Robe**

gŵn

**Robe de mariée**

gwisg briodas

Costume messieurs

siwt

Chemise de nuit

gŵn nos

Pyjama

pyjamas

Sari

sari

Foulard

sgarff pen

Turban

tyrban

Burqa

bwrca

Caftan

cafftan

Abaya

abaya

Maillot de bain

gwisg nofio

Maillot de bain

trowsus nofio

Short

siorts

Tenue d'entraînement

tracwisg

Tablier

ffedog

Gants

menig

**Bouton**

botwm

**Lunettes**

sbectol

**Bracelet**

breichled

**Collier**

cadwyn

**Bague**

modrwy

**Boucle d'oreille**

clustdlws

**Bonnet**

cap

**Cintre**

cambren

**Chapeau**

het

**Cravate**

tei

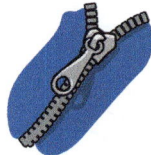

**Fermeture éclair**

sip

**Casque**

helmed

**Bretelles**

fframiau danedd

**Uniforme scolaire**

gwisg ysgol

**Uniforme**

gwisg

**Bavoir**

bib

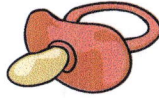

**Sucette**

teth lwgu

**Lange**

cewyn

# Bureau

# swyddfa

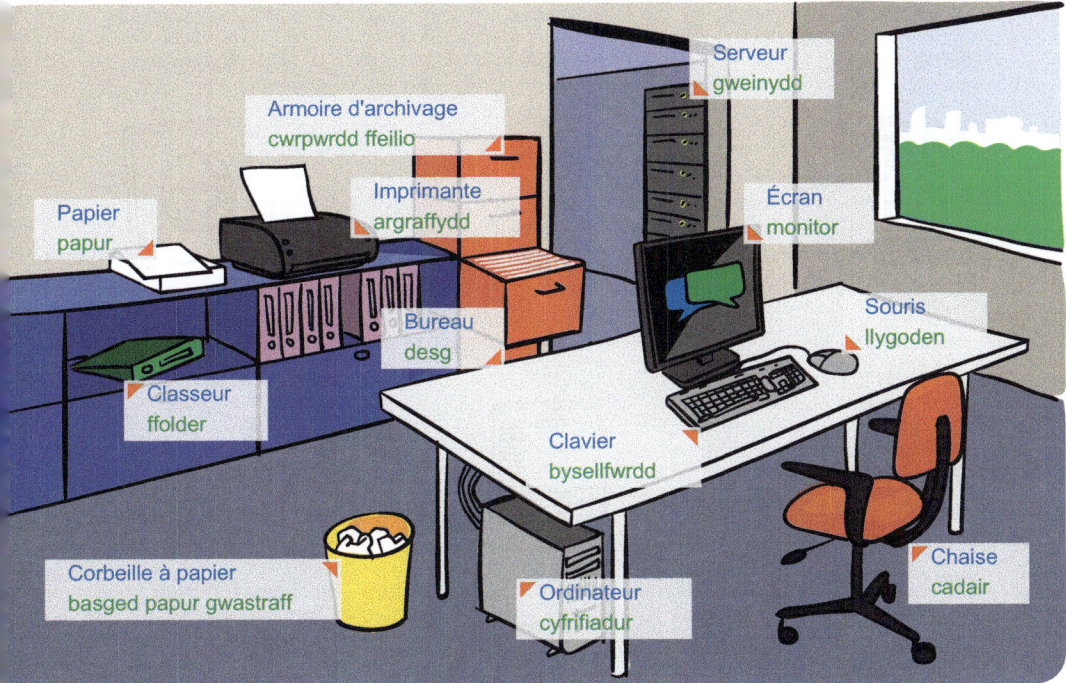

Serveur
gweinydd

Armoire d'archivage
cwrpwrdd ffeilio

Imprimante
argraffydd

Écran
monitor

Papier
papur

Bureau
desg

Souris
llygoden

Classeur
ffolder

Clavier
bysellfwrdd

Chaise
cadair

Corbeille à papier
basged papur gwastraff

Ordinateur
cyfrifiadur

**Gobelet à café**

mwg coffi

**Calculatrice**

cyfrifiannell

**Internet**

rhyngrwyd

**Ordinateur portable**
gliniadur

**Lettre**
llythyr

**Message**
neges

**Portable**
ffôn symudol

**Réseau**
rhwydwaith

**Copieur**
llungopïwr

**Logiciel**
meddalwedd

**Téléphone**
teleffon

**Prise**
soced plwg

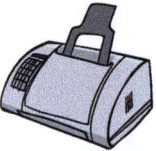

**Machine à fax**
peiriant ffacs

**Formulaire**
ffurflen

**Document**
dogfen

Acheter

prynu

Payer

talu

Faire du commerce

masnachu

Monnaie

arian

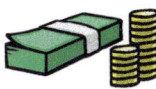

Dollar

doler

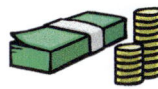

Euro

ewro

Yen

yen

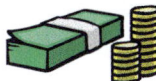

Rouble

rwbl

Franc

ffranc y Swistir

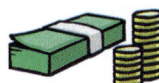

Renminbi yuan

yuan renminbi

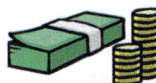

Roupie

rwpi

Distributeur automatique

peiriant arian

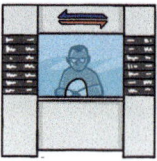

Bureau de change

swyddfa gyfnewid

Or

aur

Argent

arian

Pétrole

olew

Énergie

ynni

Prix

pris

Contrat

contract

Taxe

treth

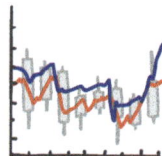

Action

stoc

Travailler

gweithio

Employé

cyflogai

Employeur

cyflogwr

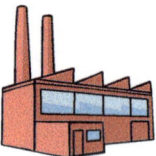

Usine

ffatri

Magasin

siop

Agent de police
swyddog heddlu

Pompier
diffoddwr tân

Cuisinier
cogydd

Médecin
meddyg

Pilote
peilot

Jardinier
garddwr

Menuisier
saer

Couturière
gwniadwraig

Juge
barnwr

Chimiste
fferyllydd

Acteur
actor

**Conducteur de bus**

gyrrwr bws

**Chauffeur de taxi**

gyrrwr tacsi

**Pêcheur**

pysgotwr

**Femme de ménage**

glanhawraig

**Couvreur**

töwr

**Serveur**

gweinydd

**Chasseur**

heliwr

**Peintre**

paentiwr

**Boulanger**

pobydd

**Électricien**

trydanwr

**Ouvrier**

adeiladwr

**Ingénieur**

peiriannydd

**Boucher**

cigydd

**Plombier**

plymiwr

**Facteur**

dyn y post

**Soldat**

milwr

**Architecte**

pensaer

**Caissier**

ariannwr

**Fleuriste**

gwerthwr blodau

**Coiffeur**

triniwr gwallt

**Contrôleur**

archwiliwr tocynnau
rheilffordd

**Mécanicien**

mecanydd

**Capitaine**

capten

**Dentiste**

deintydd

**Scientifique**

gwyddonydd

**Rabbin**

rabi

**Imam**

imam

**Moine**

mynach

**Prêtre**

clerigwr

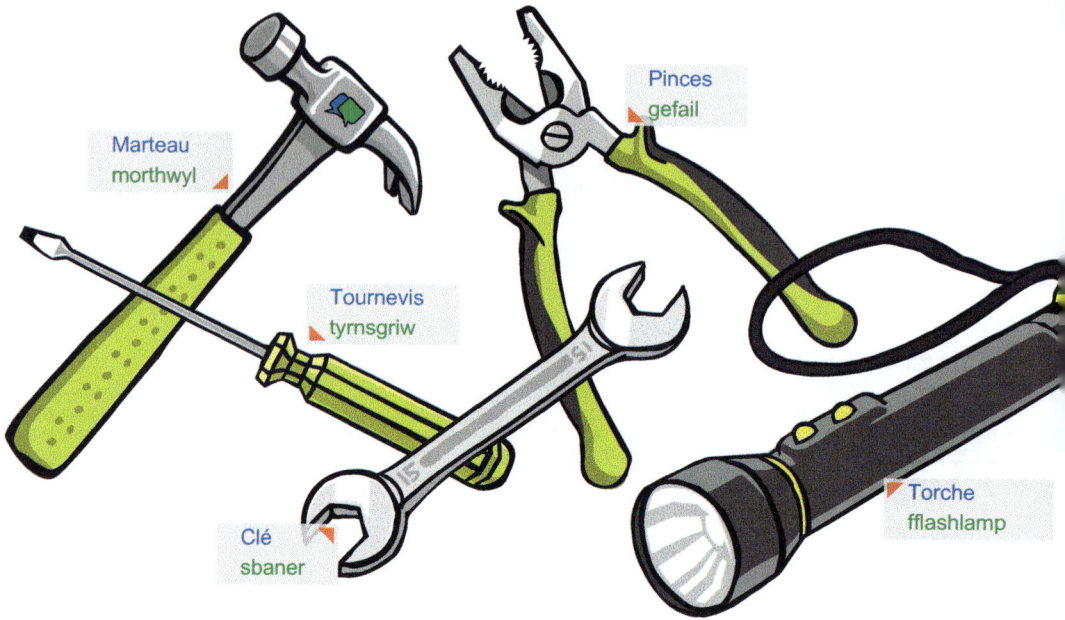

Marteau
morthwyl

Pinces
gefail

Tournevis
tyrnsgriw

Clé
sbaner

Torche
fflashlamp

Excavateur
turiwr

Boîte à outils
blwch offer

Échelle
ysgol

Scie
llif

Clous
hoelion

Perceuse
dril

**Réparer**

trwsio

**Pelle**

rhaw

**Mince !**

Daria!

**Pelle**

rhaw lwch

**Pot de peinture**

pot paent

**Vis.**

sgriwiau

# Instruments de musique
## offerynnau cerdd

**Batterie**
set drymiau

**Hauts-parleurs**
uchelseinydd

**Guitare**
gitâr

**Contrebasse**
bas dwbl

**Trompète**
trwmped

**Piano**

piano

**Violine**

ffidil

**Guitare basse**

bas

**Timbales**

timpani

**Tambour**

drymiau

**Piano électrique**

cyweirfwrdd

**Saxophone**

sacsoffon

**Flûte**

ffliwt

**Microphone**

meicroffon

Entrée
mynediad

Tigre
teigr

Cage
cawell

Zèbre
sebra

Alimentation animale
bwyd anifeiliaid

Panda
panda

Animaux

anifeiliaid

Éléphant

eliffant

Kangourou

cangarŵ

Rhinocéros

rhinoseros

Gorille

gorila

L'ours

arth

**Chameau**

camel

**Autruche**

estrys

**Lion**

llew

**Singe**

mwnci

**Flamand rose**

fflamingo

**Perroquet**

parot

**Ours polaire**

arth wen

**Pingouin**

pengwin

**Requin**

siarc

**Paon**

paun

**Serpent**

neidr

**Crocodile**

crocodeil

**Gardien de zoo**

gofalwr sŵ

**Phoque**

morlo

**Jaguar**

jagwar

**Poney**

merlyn

**Léopard**

llewpard

**Hippopotame**

hipo

**Girafe**

jiráff

**Aigle**

eryr

**Sanglier**

baedd

**Poisson**

pysgodyn

**Tortue**

crwban

**Morse**

walrws

**Renard**

llwynog

**Gazelle**

gafrewig

American Football
pêl-droed America

Cyclisme
beicio

Tennis
tennis

Basket-ball
pêl-fasged

Natation
nofio

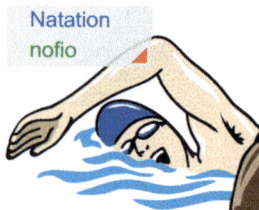

Boxe
bocsio

Hockey sur glace
hoci iâ

Football

pêl-droed

Badminton

badminton

Athlétisme

athletau

Handball

pêl-law

Ski

sgïo

Polo

polo

Rire
chwerthin

Sauter
neidio

Embrasser
cofleidio

Marcher
cerdded

Chanter
canu

Rêver
breuddwydio

Prier
gweddïo

Faire la bise
cusanu

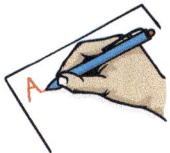

Écrire
ysgrifennu

Dessiner
tynnu

Montrer
dangos

Pousser
gwthio

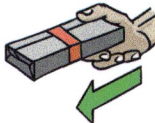

Donner
rhoi

Prendre
cymryd

Avoir

bod gan

Faire

gwneud

Être.

bod

Être debout

sefyll

Courir

rhedeg

Trier

tynnu

Jeter

taflu

Tomber

disgyn

Être couché

gorwedd

Attendre

aros

Porter

cario

Être assis

eistedd

S'habiller

gwisgo amdanoch

Dormir

cysgu

Se réveiller

deffro

**Regarder**

edrych ar

**Pleurer**

crio

**Caresser**

anwesu

**Peigner**

cribo

**Parler**

siarad

**Comprendre**

deall

**Demander**

gofyn

**Écouter**

gwrando

**Boire**

yfed

**Manger**

bwyta

**Ranger**

tacluso

**Aimer**

caru

**Cuire**

coginio

**Conduire**

gyrru

**Voler**

hedfan

**Faire de la voile**

hwylio

**Calculer**

cyfrifo

**Lire**

darllen

**Apprendre**

dysgu

**Travailler**

gweithio

**Marier**

priodi

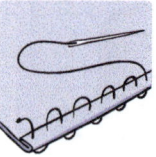

**Coudre**

gwnïo

**Nettoyer les dents**

brwsio dannedd

**Tuer**

lladd

**Fumer**

ysmygu

**Envoyer**

anfon

Grande-mère
nain

Grand-père
taid

Père
tad

Mère
mam

Bébé
baban

Fille
merch

Fils
mab

Hôte

gwestai

Tante

modryb

Oncle

ewythr

Frère

brawd

Sœur

chwaer

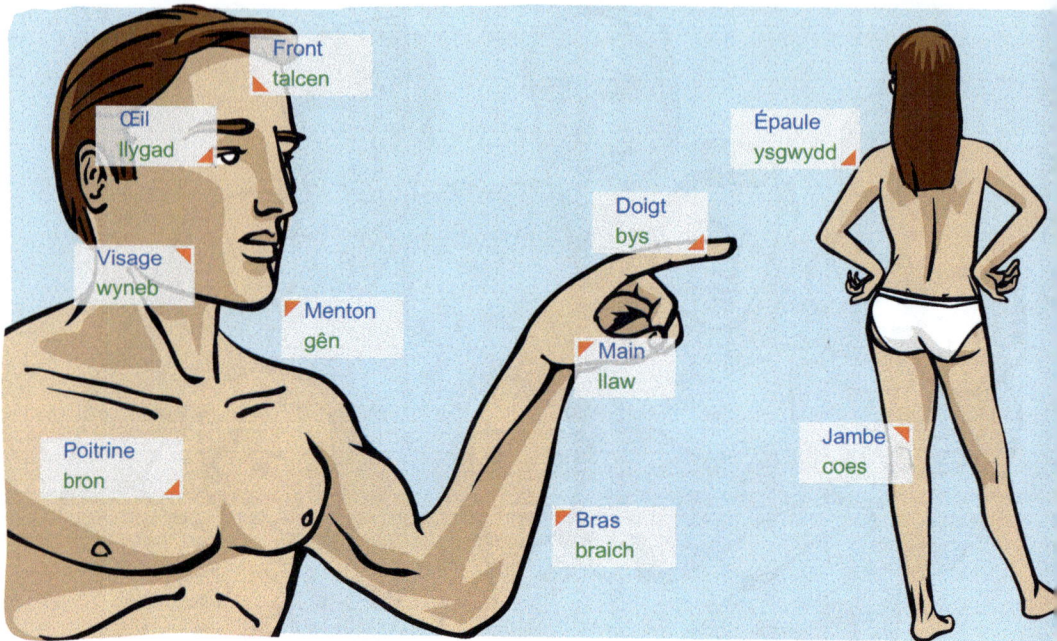

Front
talcen

Œil
llygad

Épaule
ysgwydd

Doigt
bys

Visage
wyneb

Menton
gên

Main
llaw

Poitrine
bron

Jambe
coes

Bras
braich

Bébé

baban

Homme

dyn

Femme

gwraig

Jeune-fille

geneth

Garçon

bachgen

Tête

pen

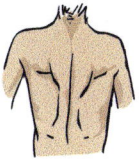

Dos

cefn

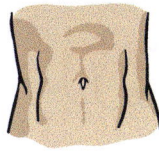

Ventre

bel

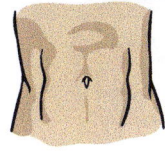

Nombril

bogail

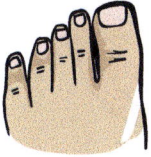

Orteil

bys troed

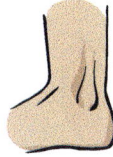

Talon

sawdl

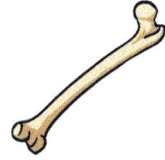

L'os

asgwrn

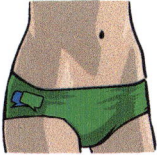

Hanche

clun

Genou

pen-glin

Coude

penelin

Nez

trwyn

Fesses

pen ôl

Peau

croen

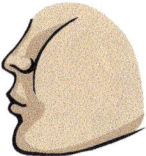

Joue

boch

Oreille

clust

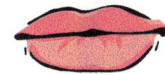

Lèvre

gwefus

Bouche

ceg

Dent

dant

Langue

tafod

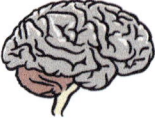

Cerveau

ymennydd

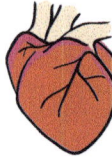

Cœur

calon

Muscle

cyhyr

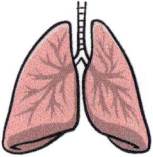

Poumons

ysgyfaint

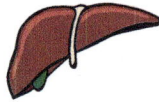

Foie

iau

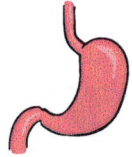

Estomac

stumog

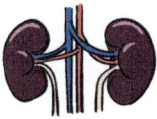

Reins

arennau

Rapport sexuel

rhyw

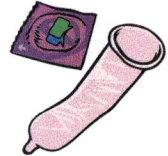

Préservatif

condom

Ovule

ofwm

Sperme

semen

Grossesse

beichiogrwydd

| | | |
|---|---|---|
| 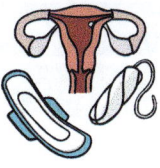 |  |  |
| Menstruation | Vagin | Pénis |
| mislif | fagina | pidyn |
|  |  | 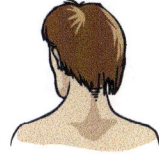 |
| Sourcil | Cheveux | Cou |
| ael | gwallt | gwddf |

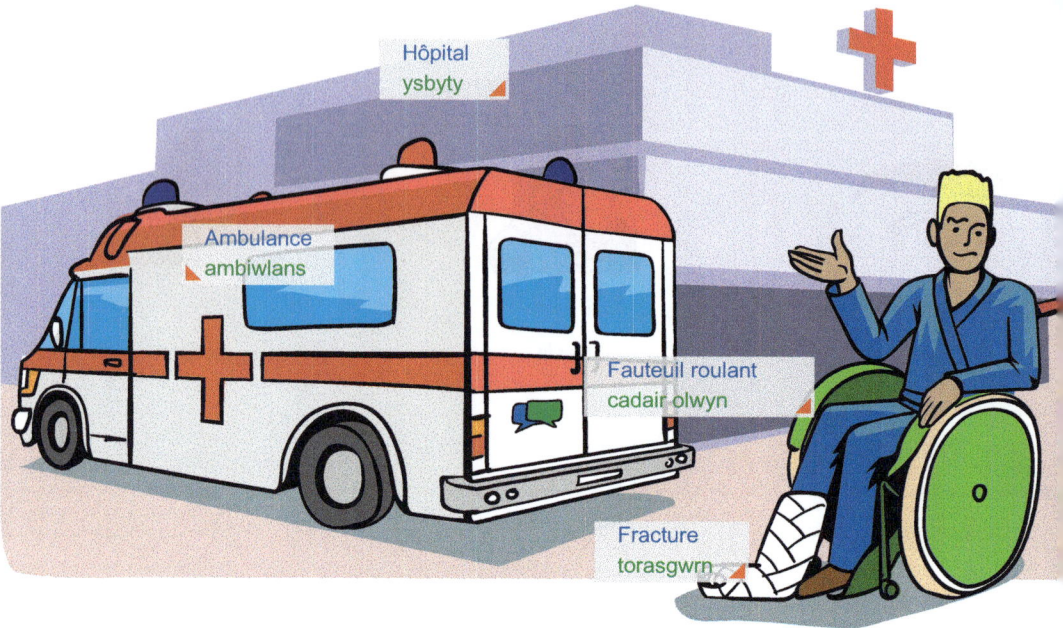

Hôpital
ysbyty

Ambulance
ambíwlans

Fauteuil roulant
cadair olwyn

Fracture
torasgwrn

Médecin

meddyg

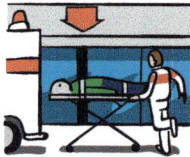

Service des urgences

ystafell argyfwng

Infirmière

nyrs

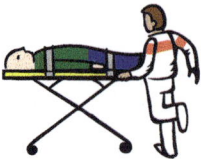

Urgence

argyfwng

inconscient

anymwybodol

Douleur

poen

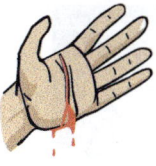

**Blessure**

anaf

**L'hémorragie**

gwaedu

**Infarctus du myocarde**

trawiad ar y galon

**Attaque cérébrale**

strôc

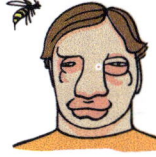

**Allergie**

alergedd

**Toux**

peswch

**Fièvre**

twymyn

**Grippe**

ffliw

**Diarrhée**

dolur rhydd

**Maux de tête**

cur pen

**Cancer**

canser

**Diabète**

diabetes

**Chirurgien**

llawfeddyg

**Scalpel**

fflaim

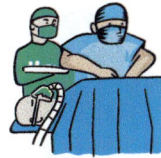

**Intervention chirurgicale**

gweithrediad

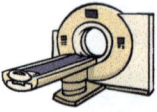

CT

CT

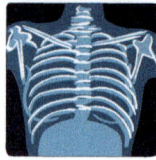

Radiographie

pelydr-x

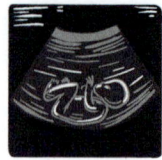

Ultrason

uwchsain

Masque

mwgwd wyneb

Maladie

clefyd

Salle d'attente

ystafell aros

Béquille

bagl

Sparadraps

plastr

Pansement

rhwymyn

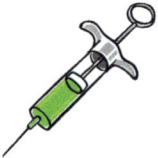

Injection

pigiad

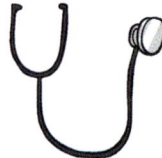

Stéthoscope

stethosgop

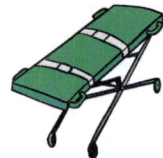

Brancard

elorwely

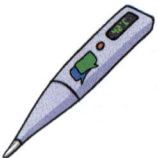

Thermomètre

thermomedr clinigol

Accouchement

genedigaeth

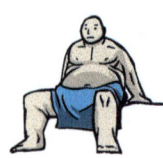

Surcharge pondérale

dros bwysau

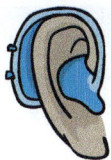

**Audioprothèse**

cymorth clyw

**Désinfectant**

diheintydd

**Infection**

haint

**Virus**

firws

**HIV/SIDA**

HIV / AIDS

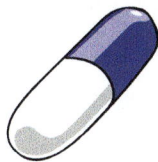

**Médicament**

meddygaeth

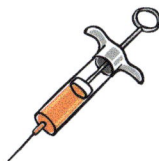

**Vaccination**

brechiad

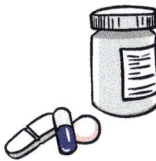

**Comprimés**

tabledi

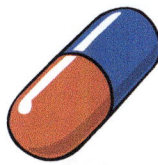

**Pilule**

y bilsen

**Appel d'urgence**

galwad frys

**Appareil de mesure de la tension artérielle**

monitor pwysau gwaed

**Malade/sain**

yn sâl / yn iach

Au secours !

Help!

Alarme

larwm

Assaut

ymosodiad

Attaque

ymosodiad

Danger

perygl

Sortie de secours

allanfa argyfwng

Il y a le feu !

Tân!

Extincteur

diffoddwr tân

Accident

damwain

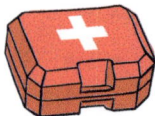

Trousse de premier secours

pecyn cymorth cyntaf

SOS

SOS

Police

heddlu

Europe

Ewrop

Amérique du Nord

Gogledd America

Amérique du Sud

De America

Afrique

Affrica

Asie

Asia

Australie

Awstralia

L'Océan atlantique

Iwerydd

Océan pacifique

y Môr Tawel

Océan indien

Cefnfor yr India

Océan antarctique

Cefnfor yr Antarctig

Océan arctique

Cefnfor yr Arctig

Pôle nord

Pegwn y Gogledd

**Pôle sud**

Pegwn y De

**Antarctique**

Antarctica

**Terre**

y Ddaear

**Pays**

tir

**Mer**

môr

**Ile**

ynys

**Nation**

cenedl

**État**

gwladwriaeth

Cadran

wyneb cloc

Aiguille des heures

bys awr

Aiguille des minutes

bys munud

Aiguille des secondes

bys eiliad

Quelle heure est-il ?

Faint o'r gloch yw hi?

Jour

dydd

Temps

amser

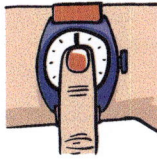

Maintenant

yn awr

Horloge numérique

cloc digidol

Minute

munud

Heure

awr

# Semaine
## wythnos

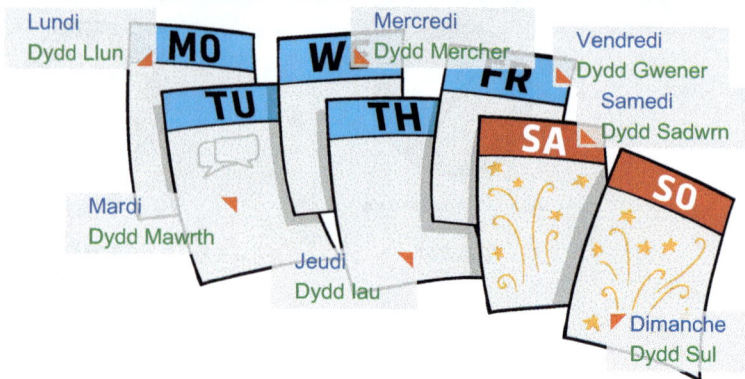

Lundi
Dydd Llun

Mardi
Dydd Mawrth

Mercredi
Dydd Mercher

Jeudi
Dydd Iau

Vendredi
Dydd Gwener

Samedi
Dydd Sadwrn

Dimanche
Dydd Sul

Hier

ddoe

Aujourd'hui

heddiw

Demain

yfory

Matin

bore

Midi

canol dydd

Soir

noswaith

Jours ouvrables

diwrnodiau busnes

Week-end

penwythnos

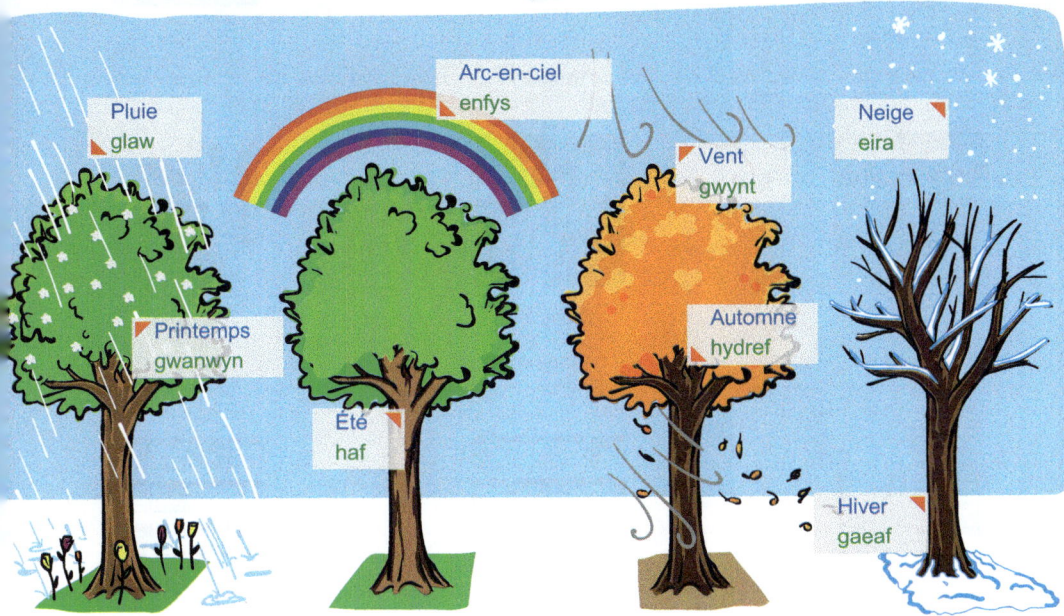

Pluie
glaw

Arc-en-ciel
enfys

Vent
gwynt

Neige
eira

Printemps
gwanwyn

Été
haf

Automne
hydref

Hiver
gaeaf

Prévisions météorologiques

rhagolygon y tywydd

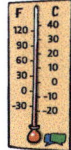

Thermomètre

thermomedr

Lumière du soleil

heulwen

Nuage

cwmwl

Brouillard

niwl tew

Humidité de l'air

lleithder

**Foudre**

mellt

**Tonnerre**

taranau

**Tempête**

storm

**Grêle**

cenllysg

**Mousson**

monsŵn

**Inondation**

llif

**Glace**

iâ

**Janvier**

Ionawr

**Février**

Chwefror

**Mars**

Mawrth

**Avril**

Ebrill

**Mai**

Mai

**Juin**

Mehefin

**Juillet**

Gorffennaf

**Août**

Awst

Année - blwyddyn

Septembre

Medi

Octobre

Hydref

Novembre

Tachwedd

Décembre

Rhagfyr

## Formes

## siapiau

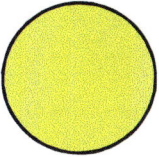

Cercle

cylch

Carré

sgwâr

Rectangle

petryal

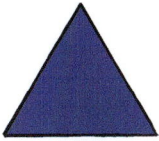

Triangle

triongl

Sphère

sffêr

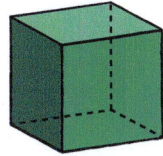

Cube

ciwb

# Couleurs

## Iliwiau

Blanc

gwyn

Jaune

melyn

Orange

oren

Rose

pinc

Rouge

coch

Pourpre

porffor

Bleu

glas

Vert

gwyrdd

Brun

brown

Gris

llwyd

Noir

du

**Beaucoup/peu**

llawer / ychydig

**Fâché/serein**

dig / tawel

**Joli/laide**

hardd / hyll

**début/fin**

dechrau / diwedd

**Grand/petit**

mawr / bach

**Clair/obscure**

llachar / tywyll

**frère/la sœur**

brawd / chwaer

**Propre/sale**

glân / budr

**Complet/incomplet**

gyflawn / anghyflawn

**jour/nuit**

dydd / nos

**Mort/vivant**

farw / yn fyw

**Large/étroit**

eang / cul

**Comestible/incomestible**

bwytadwy / anfwytadwy

**Méchant/gentil**

drwg / caredig

**Excité/ennuyé**

llawn cyffro / diflasu

**Gros/mince**

tew / tenau

**D'abord/à la fin**

cyntaf / olaf

**Ami/ennemi**

cyfaill / gelyn

**Plein/vide**

llawn / gwag

**Dur/souple**

caled / meddal

**Lourd/léger**

trwm / ysgafn

**Faim/soif**

wedi newynnu / yn sychedig

**Malade/sain**

yn sâl / yn iach

**Illégal/légal**

anghyfreithlon / cyfreithiol

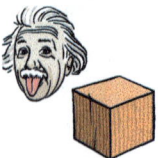

**Intelligent/stupide**

deallus / twp

**Gauche/droite**

chwith / dde

**Proche/loin**

agos / pell

**Nouveau/usé**

newydd / wedi'i ddefnyddio

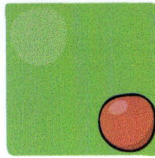

**Rien/quelque chose**

dim / rhywbeth

**Vieux/jeune**

hen / ifanc

**Marche/arrêt**

ymlaen / i ffwrdd

**Ouvert/fermé**

ar agor / ar gau

**Faible/fort**

tawel / uchel

**Riche/pauvre**

cyfoethog / tlawd

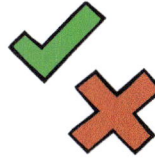

**Correct/incorrect**

cywir / anghywir

**Rugueux/lisse**

garw / llyfn

**Triste/heureux**

trist / hapus

**Court/long**

byr / hir

**nt/rapide**

araf / cyflym

**Mouillé/sec**

gwlyb / sych

**Chaud/froid**

cynnes / claear

**Guerre/paix**

rhyfel / heddwch

Antonymes - cyferbyniadau

**0**

Zéro

sero

**1**

Un/une

un

**2**

Deux

dau

**3**

Trois

tri

**4**

Quatre

pedwar

**5**

Cinq

pump

**6**

Six

chwech

**7**

Sept

saith

**8**

Huit

wyth

**9**

Neuf

naw

**10**

Dix

deg

**11**

Onze

un deg un

**12**

Douze

un deg dau

**13**

Treize

un deg tri

**14**

Quatorze

un deg pedwar

**15**

Quinze

un deg pump

**16**

Seize

un deg chwech

**17**

Dix-sept

un deg saith

**18**

Dix-huit

un deg wyth

**19**

Dix-neuf

un deg naw

**20**

Vingt

dau ddeg

**100**

Cent

cant

**1.000**

Mille

mil

**1.000.000**

Million

miliwn

Chiffres - rhifau

# Langues

## ieithoedd

Anglais

Saesneg

Anglais américain

Saesneg America

Chinois mandarin

Tsieinëeg Mandarin

Hindi

Hindi

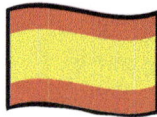

Espagnol

Sbaeneg

Français

Ffrangeg

Arabe

Arabeg

Russe

Rwseg

Portugais

Portiwgaleg

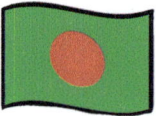

Bengali

Bengali

Allemand

Almaeneg

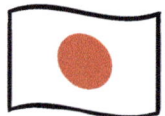

Japonais

Siapanaeg

Je/moi

fi

Tu/toi

ti

Il/elle

ef / hi

Nous

ni

Vous

chi

Ils/elles

nhw

Qui ?

pwy?

Quoi ?

beth?

Comment ?

sut?

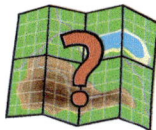

Où ?

ble?

Quand ?

pryd?

Nom

enw

## ble

Derrière

y tu ôl i

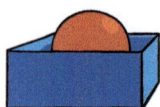

Dans

yn / yng / ym / mewn

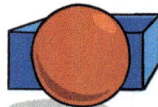

Devant

o flaen

Au-dessus

dros

Sur

ar

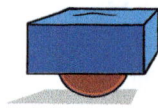

En-dessous

dan

À côté de

wrth ochr

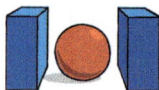

Entre

rhwng

Lieu

lle